BEI GRIN MACHT SICH IHR WISSEN BEZAHLT

AF130084

- Wir veröffentlichen Ihre Hausarbeit, Bachelor- und Masterarbeit

- Ihr eigenes eBook und Buch - weltweit in allen wichtigen Shops

- Verdienen Sie an jedem Verkauf

Jetzt bei www.GRIN.com hochladen und kostenlos publizieren

Bibliografische Information der Deutschen Nationalbibliothek:

Die Deutsche Bibliothek verzeichnet diese Publikation in der Deutschen National-
bibliografie; detaillierte bibliografische Daten sind im Internet über http://dnb.d-
nb.de/ abrufbar.

Impressum:

Copyright © 2016 GRIN Verlag
Druck und Bindung: Books on Demand GmbH, Norderstedt Germany
ISBN: 9783668865716

Dieses Buch bei GRIN:

https://www.grin.com/document/452539

Sebastian Boden

Trainingslehre 1. Diagnose, Zielsetzung, Trainingsplanung Makrozyklus und Mesozyklus

GRIN Verlag

GRIN - Your knowledge has value

Der GRIN Verlag publiziert seit 1998 wissenschaftliche Arbeiten von Studenten, Hochschullehrern und anderen Akademikern als eBook und gedrucktes Buch. Die Verlagswebsite www.grin.com ist die ideale Plattform zur Veröffentlichung von Hausarbeiten, Abschlussarbeiten, wissenschaftlichen Aufsätzen, Dissertationen und Fachbüchern.

Besuchen Sie uns im Internet:

http://www.grin.com/

http://www.facebook.com/grincom

http://www.twitter.com/grin_com

Deutsche Hochschule für

Prävention und Gesundheitsmanagement

Hermann Neuberger Sportschule 3

66123 Saarbrücken

Einsendeaufgabe

Fachmodul:	Trainingslehre I
Studiengang:	BFÖ
Datum Präsenzphase:	05.-08.09.2016
Name, Vorname:	Boden, Sebastian
Studienort:	**Stuttgart**
Semester:	**SS2016**

Inhaltsverzeichnis

1   **TEILAUFGABE 1 - DIAGNOSE** 4

1.1   **Allgemeine und biometrische Daten**..4

    1.1.1   Allgemeine Daten..4

    1.1.2   Biometrische Daten..5

1.2   **Krafttestung** 5

    1.2.1   Begründung des Testverfahrens und Beschreibung des Testablaufes 6

    1.2.2   Testergebnis und Testübungen des X-RM Test..7

    1.2.3   Konsequenz der Trainingssteuerung und der Trainingsplanung 7

2   **TEILAUFGABE 2 - ZIELSETZUNG/PROGNOSE** 8

2.1   **Ableitung der Ziele** 8

2.2   **Begründung der Ziele** 8

3   **TEILAUFGABE 3 - TRAININGSPLANUNG MAKROZYKLUS** 8

3.1   **Makrozyklus**..9

    3.1.1   Makrozyklusplanung 9

    3.1.2   Begründung des Makrozyklus..10

4   **TEILAUFGABE 4 - TRAININGSPLANUNG MESOZYKLUS** 12

4.1   **Mesozyklus I**..12

    4.1.1   Mesozyklusplanung..12

    4.1.2   Begründung des Mesozyklus..13

    4.1.3   Beteiligte Muskeln und Bewegungsrichtungen 14

5   **TEILAUFGABE 5 - LITERATURRECHERCHE** 15

5.1   **Effekte des Krafttrainings bei Diabetes mellitus Typ-2**................................15

6   **LITERATURVERZEICHNIS** 18

7   **ABBILDUNGS- UND TABELLENVERZEICHNIS**................................ 19

7.1   **Abbildungsverzeichnis**..19

7.2 Tabellenverzeichnis...19

1 Teilaufgabe 1 - Diagnose

1.1 Allgemeine und biometrische Daten

In den folgenden Tabellen (Tab. 1-2) werden nun alle allgemeinen, sowie biometrische Daten der Testperson aufgezeigt, die ich durch Einzelgespräche erlangt und erfasst habe.

1.1.1 Allgemeine Daten

Tab.1 Allgemeine Daten

Alter	23
Geschlecht	Männlich
Körpergröße	1,76m
Körpergewicht	72,0 kg
Trainingsmotiv	Muskelaufbau
Berufliche Tätigkeit	Mechatroniker
Frühere sportliche Aktivitäten	Seit dem 6. Lebensjahr im Leichtathletik und im Fußball
Aktuelle sportliche Aktivitäten	Seit 5 Jahren Krafttraining im Fitnessstudio (ohne systematische Trainingsplanung) 3-5x pro Woche
Zeitlicher Verfügungsrahmen	Bis zu 6x pro Woche, maximal 2h pro Trainingseinheit (reine Trainingszeit)
Leistungsstufe	Leistungstrainierender, da er schon mehr als 36 Monate im Fitnessstudio trainiert
Allgemeiner Gesundheitszustand	Laut dem ärztlichen Check-Up, den die Testperson mir vorgelegt hat, liegen keine gesundheitlichen Probleme vor; Testperson ist voll belastbar

1.1.2 Biometrische Daten

Tab.2 Biometrische Daten

	Testwerte	Normwerte	Bewertung der Testwerte
Blutdruck	122/81mmHg	Normwerte der WHO (Wollenberg, 2015) siehe Abb. 1	Der Blutdruck der Testperson liegt im normalen Bereich und ist deshalb unbedenklich.
Ruhepuls	62	Die Normwerte der WHO (Wollenberg, 2015) liegen bei Erwachsenen zwischen 60-80 Schlägen pro Minute	Der Ruhepuls liegt mit 62 Schlägen pro Minute innerhalb der Normwerte der WHO
Körperfettanteil (KFA)	15%	Die Normwerte liegen zwischen 8-20%	Mit einem KFA von 15% liegt die Testperson innerhalb der Normwerte.
Body-Mass-Index (BMI)	23,2	Die Normwerte bei einer Person bis 24 Jahren liegen bei 18,0-24,9	Die Testperson liegt mit einem BMI von 23,2 noch innerhalb der Norm

	Systolisch	Diastolisch
Optimaler Blutdruck	< 120 mmHg	< 80 mmHg
Normaler Blutdruck	120 – 129 mmHg	80 – 84 mmHg
Hochnormaler Blutdruck	130 – 139 mmHg	85 – 89 mmHg
Milde Hypertonie, Stufe 1	140 – 159 mmHg	90 – 99 mmHg
Mittlere Hypertonie, Stufe 2	160 – 179 mmHg	100 – 109 mmHg
Schwere Hypertonte, Stufe 3	> 180 mmHg	> 110 mmHg

Abb.1: Blutdruck- Normwerte der WHO (Wollenberg, 2015)

1.2 Krafttestung

Bei der Krafttestung habe ich mich für einen X-RM Test entschieden. In der nachfolgenden Tabelle (Tab. 3) wird die Begründung für diesen Test, sowie die Beschreibung des Testablaufes erläutert. Eine tabellarische Übersicht der Testgewichte, der benötigten Testsätze und das Testendergebnis befindet sich in der 4. Tabelle. Tabelle 5 beschreibt die jeweiligen Konsequenzen für die Trainingssteuerung, sowie die Trainingsplanung.

1.2.1 Begründung des Testverfahrens und Beschreibung des Testablaufes

Tab. 3 Begründung des Testverfahrens und Beschreibung des Testablaufes

Begründung des Testverfahrens	Ich habe mich bei der Auswahl des Testverfahrens für den X-RM Test entschieden. Bei diesem Test handelt es sich um einen Mehrwiederholungstest, um in der Trainingsplanung die Individuelle - Leistungsbild – Methode (ILB) verwenden zu können (Schlink, 2012). Es geht darum, die individuelle Leistungsfähigkeit zu bestimmen und dadurch eine sinnvolle Trainingsplanung durchzuführen. Die Wiederholungszahl wählt man hier anhand des zukünftigen Trainingsplans inkl. Gewicht & Wiederholungszahl aus. Die vorgegebene Wiederholungszahl darf dabei nicht unter-, aber auch nicht überschritten werden. Des Weiteren ist der X-RM Test deutlich gelenkschonender und weniger risikoreich, als ein 1-RM Test, bei dem lediglich eine Wiederholung mit dem maximalen Gewicht ausgeführt wird.
Beschreibung des Testablaufes	Bevor der eigentliche X-RM Test durchgeführt wird, findet ein 10minütiges Warm-Up Programm, mit Hilfe des Fahrrad-Ergometers, (70-80 Watt; Belastungsherzfrequenz 140) statt. Ziel hierbei ist es die Muskulatur zu aktivieren und auf die bevorstehende Belastung vorzubereiten. Durch das Warm-Up kommt es zu einer Erhöhung der Körpertemperatur um ca. 2° C und die Sauerstoffversorgung im Körper nimmt zu. Dies führt zu einer verbesserten Reaktions- & Koordinationsfähigkeit, verbessert die Durchblutung der Muskulatur im Körper und mindert die Verletzungsgefahr. Danach beginnt der X-RM Test. Das Trainingsziel des ersten Mesozyklus ist die Kraftausdauer, da hier die Kapillarisierung, sowie die Bildung roter Blutkörperchen im Fokus stehen (Morpologische Adaption Kraftausdauertraining (DHfPG-Unterricht), 2016). Die Wiederholungszahl beläuft sich auf 22, bei 3 Sätzen pro Übung. Bei diesem Test ist es wichtig nach spätestens 3 Sätzen das optimale Gewicht erreicht zu haben, um eine Ermüdung der Muskulatur zu verhindern. Zum Abschluss des X-RM Test muss die Testperson ein Cool-Down Programm absolvieren. Dieses wird mit Hilfe des Fahrrad- Ergometers (60-70Watt) und einer Dauer von 10 min. durchgeführt. Ziel ist es, die Herzfrequenz herunter zu fahren und die Muskelspannungen (Muskeltonus) zu lockern bzw. zu senken. Zudem beschleunigt das Cool-Down den Abbau von Stoffwechselprodukten und verkürzt die Regenerationszeit (Schutz vor Übertraining)

1.2.2 Testergebnis und Testübungen des X-RM Test

In der nächsten Tabelle befinden sich die Übungen, die Wiederholungszahlen, die Testsätze, sowie das Endergebnis des X-RM Tests.

Tab. 4 Tabellarische Übersicht Testgewicht, benötigte Testsätze, Testendergebnis aller Testübungen

Übung	Wdh.	Testsatz 1	Testsatz 2	Testsatz 3	Endergebnis
Bankdrücken LH	22	80,0	-	-	80,0
Butterfly KH	22	16,0 p.H.	-	-	16,0 p.H.
Kniebeuge LH	22	90,0	-	-	90,0
Lat- ziehen (M./ KZ.)	22	50,0	55,0	-	55,0
Hyperextension	90 Sekunden Belastung				90 Sekunden Belastung
Crunch	90 Sekunden Belastung				90 Sekunden Belastung
Bizeps Curl LH	22	30,0	35,0	-	35,0
French Press LH	22	30,0	35,0	-	35,0
Schulterdrücken KH	22	28,0 p.H.	-	-	28,0 p.H.

*KH = Kurzhantel, M. = Maschine, KZ = Kabelzug, LH = Langhantel, p.H. = pro Hantel, Wdh. = Wiederholung

1.2.3 Konsequenz der Trainingssteuerung und der Trainingsplanung

In der unten stehenden Tabelle werden die Konsequenzen der Trainingssteuerung und die der Trainingsplanung erläutert.

Tab. 5 Konsequenz für die Trainingssteuerung und Trainingsplanung

Konsequenzen für die Trainingssteuerung und die Trainingsplanung	Das Verfahren kann aufgrund verschiedener Einflussfaktoren wie z.B. Tagesform, Uhrzeit oder Ernährung beeinflusst werden, weswegen es nicht möglich ist, einen Referenzwert festzulegen. Der X-RM Test wurde anhand des ersten Mesozyklus durchgeführt, wodurch das passende Trainingsgewicht der Testperson ermittelt wird. Dadurch finden bei der Testperson weder eine Über- noch eine Unterforderung, bezüglich der Trainingsgewichte, statt. Durch diese optimale Forderung werden der Testperson immer wieder neue Trainingsreize (Leistungsfähigkeit steigt) gesetzt und somit die Regenerationszeit verkürzt. Die Trainingsintensität wird hier anhand der Leistungsstufe gewählt. Bei der Testperson zwischen 80- 100% des Testendergebnisses (Leistungstrainierender).

2   Teilaufgabe 2 - Zielsetzung/Prognose

Die folgende Tabelle (Tab. 6) beschreibt die Zielsetzung/Prognose der Testperson auf, da jeder Sportler ein bestimmtes Ziel erreichen will. Tabelle 7 begründet die Ziele der Testperson.

2.1   Ableitung der Ziele

Tab. 6 Ableitung der Ziele

Inhalt:	Ausmaß:	Zeit:
HZ: Gewichtszunahme	8 kg	6 Monate
UZ: Gewichtszunahme	2 kg	In den ersten 2 Monaten
HZ: Gewichtsreduktion/ Definition	3-4 kg	4 Monate

HZ = Hauptziel, UZ = Unterziel

2.2   Begründung der Ziele

Tab. 7 Begründung der Ziele

Begründung der Ziele	Ich habe mir als 1. Hauptziel für meine Testperson eine Gewichtszunahme von 8 kg gesetzt, da aus dem Erstgespräch hervorging, dass das Ziel Muskelaufbau ist. Dafür muss die Testperson zuerst an Gewicht/ Masse zulegen. Als Unterziel hierfür ist eine Gewichtszunahme von 2 kg in den ersten 2 Monaten vorgesehen, dies dient als Ansporn für die kommenden Monate. Danach erfolgt die Gewichtsreduktion/ Definition von 3-4 kg innerhalb von 4 Monaten. → Der BMI erhöht sich nach dem 1. Hauptziel auf 25,8. Die Gewichtsreduktion ist zuständig, den BMI auf 24,5-24,9 zu reduzieren, damit die Testperson innerhalb der Normwerte von 18,0-24,9 liegt.

3   Teilaufgabe 3 - Trainingsplanung Makrozyklus

Die nachfolgende Tabelle zeigt den Makrozyklus von 6 Monaten mit den einzelnen Mesozyklen auf. Daraus lässt sich ableiten, wie lang ein Mesozyklus dauert, welches Trainingsziel er hat und in welchem Trainingssystem trainiert wird. Des Weiteren wird die Organisationsform, die Häufigkeit pro Woche, sowie die Übungen pro Muskel, Sätze pro Übung, die Satzpausen, Intensität, Wiederholungszahl und das Bewegungstempo aufgezeigt.

3.1 Makrozyklus

3.1.1 Makrozyklusplanung

Tab. 8 Makrozyklusplanung

	Mesozyklus I	Mesozyklus II	Mesozyklus III	Mesozyklus IV	Mesozyklus V	Mesozyklus VI
Dauer in Wochen	6	6	8	8	6	6
Trainingsziel	KA	Hypertrophie	Hypertrophie	IK- Training	KA	Hypertrophie
Trainingssystem	GK	GK	2er Split	2er Split	GK	2er Split
Organisationsform	ST	Kreis	ST	ST	ST	ST
Häufigkeit/Woche	2-3x	2-3x	4x	4x	4x	4-5x
Übung/Muskel	1-2	2	3	3	3	3-4
Sätze/Übung	3		3	4	3	3
Kreis/Training	-	2-3x	-	-	-	-
Satz-/Kreispause	30 sek.	45 sek.	50 sek.	2 min.	30 sek.	40 sek.
Intensität % X-RM	80-100%	80-100%	80-100%	80-100%	80-100%	80-100%
Wiederholungszahl	22	10	8	3	18	8-9
Bewegungstempo	90 sek. TUT/ Wdh. 4 sek.	50 sek. TUT/ Wdh. 5 sek.	40 sek. TUT/ Wdh. 5 sek.	15 sek. TUT/ Wdh. 5 sek.	90 sek. TUT/ Wdh. 5 sek.	50 sek. TUT/ Wdh. 6 sek.

*KA = Kraftausdauer; GK = Ganzkörper; ST = Station; sek. = Sekunden; TUT = Time under tension; Wdh. = Wiederholung

3.1.2 Begründung des Makrozyklus

Die Tabelle 9 begründet die Wahl der Trainingsmethodik, die Belastungsparameter, die Organisationsform und die Periodisierung.

Tab. 9 Begründungen Makrozyklus

Begründung Trainingsmethode	Ich habe mich bei der Erstellung des Makrozyklus dazu entschieden, dass meine Testperson im ersten Mesozyklus ein Kraftausdauertraining absolviert, um hier die Kapillarisierung zu verbessern, die Bildung roter Blutkörperchen zu steigern und die Koordination der Muskelfasern zu verbessern. Zudem hat meine Testperson in den vergangenen Monaten ausschließlich im Hypertrophiebereich trainiert und ist mit seiner Entwicklung stagniert und ich möchte hierdurch neue Reize setzen. Nach dem ersten Mesozyklus werden 2 Zyklen im Hypertrophiebereich trainiert. Dadurch erreichen wir eine Muskelfaserquerschnittszunahme der Typ I- und Typ II- Fasern. Der Mesozyklus 3 ist ein IK-Training (Maximalkrafttraining) und dient zur Rekrutierung, Frequentierung und der Synchronisierung. Zudem können nicht-aktive motorische Einheiten aktiviert werden. Der passive Bewegungsapparat und die intermuskuläre Koordination verbessert sich. → Höhere Maximalkraft Danach startet die Testperson mit dem fünften Mesozyklus der wieder ein Kraftausdauertraining beinhaltet, um erneut die oben beschriebenen Verbesserungen zu erlangen. Der sechste Mesozyklus dient wie oben beschrieben der Zunahme des Muskelfaserquerschnitts der Typ I- und Typ II- Fasern.
Begründung Belastungsparameter	**Einheiten/ Woche:** Bei der Makrozyklusplanung habe ich mich für 2-5 Trainingseinheiten pro Woche entschieden. Meine Testperson trainiert bereits seit mehr als 36 Monaten im Fitnessstudio und zählt somit zur Gruppe der Leistungstrainierenden (Pohl, 2016). Hier liegt die Trainingshäufigkeit pro Woche zwischen 3 bis maximal 6mal. **Übungen/Muskelgruppe:** Hier liegt die Anzahl der Übungen pro Muskelgruppe zwischen 1 und 4, da die unterschiedlichen Mesozyklen unterschiedliche Ziele verfolgen. **Sätze/Übung:** Die Satzzahl beim Makrozyklus liegt zwischen 3 und 4. Hierbei ist es mir wichtig, den Muskel innerhalb der Sätze optimal zu ermüden. **Intensität:** Die Intensität liegt bei diesem Makrozyklus zwischen 80-100% X-RM anhand der Testergebnisses (Teilaufgabe 1, 1.1.2).

Begründung Organisationsform	Mesozyklus I ist ein Stationstraining. Dies habe ich gewählt, da meine Testperson bisher auch ein Stationstraining absolviert hat und er durch das Kraftausdauertraining nicht an Motivation verlieren soll. Mesozyklus II ist ein Kreistraining, da dies ein Hypertophie-training ist und ich mir dadurch erhoffe, dass wir seiner Muskulatur neue Reize setzten können. Die Mesozyklus III bis VI sind allesamt als Stationstraining geplant, um jede Übung komplett zu absolvieren und um den Muskel innerhalb der Sätze komplett zu ermüden. Da meine Testperson weder gesundheitliche Probleme hat noch an Leistung einbüßt, kann sie ihr komplettes Leistungsniveau aus-schöpfen.
Begründung Periodisierung	Mesozyklus I und II sind für jeweils 6 Wochen angesetzt. Mesozyklus III und IV sind auf jeweils 8 Wochen angesetzt und Mesozyklus V und VI wieder auf 6 Wochen. Jeder einzelne Mesozyklus hat unterschiedliche Ziele und Schwerpunkte. Um diese bestmöglich zu erreichen muss ein optimales Verhältnis zwischen Belastung und Erholung bestehen. Eine Periodisierung ist für die Testperson ebenso wichtig, da er innerhalb der einzelnen Mesozyklen seine eigenen Fortschritte sehen kann. Dies dient vor allem der Motivation der Testperson. Durch die Periodisierung wird ein Übertraining vermieden und die Muskulatur erhält regelmäßige Wachstumsreize. (wikifit)

4 Teilaufgabe 4 - Trainingsplanung Mesozyklus

4.1 Mesozyklus I

4.1.1 Mesozyklusplanung

Die folgende Tabelle (Tab. 10) zeigt den Mesozyklus I.

Tab. 10 Mesozyklus I

Mesozyklus in Wochen (Dauer insgesamt 6 Wochen)		Mikro I	Mikro II	Mikro III	Mikro IV	Mikro V	Mikro VI
Intensität % X-RM		80	80	90	90	100	100
Übungen	Testergebnis (X-RM)						
Bankdrücken LH	80,0	64,0	64,0	72,0	72,0	80,0	80,0
Butterfly KH	16,0 p.H.	13,0 aufgerundet	13,0	14,0 abgerundet	14,0	16,0	16,0
Kniebeuge LH	90,0	72,0	72,0	81,0	81,0	90,0	90,0
Lat- ziehen (M. / KZ.)	55,0	44,0	44,0	50,0 aufgerundet	50,0	55,0	55,0
Hyperextension	90 sek. Belastung						→
Crunch	90 sek. Belastung						→
Bizeps Curl LH	35,0	28,0	28,0	31,5	31,5	35,0	35,0
French Press LH	35,0	28,0	28,0	31,5	31,5	35,0	35,0
Schulterdrücken KH	28,0 p.H.	22,0 abgerundet	22,0	25,0 abgerundet	25,0	28,0	28,0
Spezifisches Trainingsziel		KA (Kraftausdauertraining): führt zu einer Verbesserung der Kapillarisierung, Vergrößert & vermehrt die Mitochondrien, verbessert die Koordination der Muskelfasern, Bildung roter Blutkörperchen					
Organisationsform		Stationstraining (Ganzkörper)					

Bewegungstempo/ Wiederholungen (Wdh.)	90 sek. TUT/ Wdh. 4 sek. —▶ 22 Wdh.
Zyklus Dauer	Die einzelnen Mesozyklen dauern jeweils 1 Woche
Trainingseinheiten pro Woche	2 - 3x pro Woche
Übungen pro Muskel	2
Sätze pro Übung	3
Satzpausen	30 sek.
Leistungsstufe	Leistungstrainierender (> 36 Monate Trainingserfahrung)

* Mikro = Mikrozyklus

4.1.2 Begründung des Mesozyklus

In der folgenden Tabelle wird die Auswahl des Mesozyklus begründet.

Tab. 11 Begründung Mesozyklus

Begründung	Ich habe mich bei diesem Mesozyklus für einen Mix aus Freihantelübungen und Maschinenübungen entschieden, da meine Testperson bisher extrem einseitig trainiert hatte und die Übungen nicht variiert wurden. Das war auch mein Anlass, der Testperson einen Trainingsplan zu erstellen, der nicht zu eintönig/ einseitig ist. Bei Freihantelübungen ist der große Vorteil, dass sich die Bewegungskoordination sowie die Balance und die Eigenstabilität verbessert, da mehrgelenkige Übungen durchgeführt werden. Mit den Maschinenübungen möchte ich erreichen, den Muskel isolierter zu trainieren. Die Übungen habe ich extra ausgewählt um einen Mix aus freien und maschinengeführten Übungen zu erlangen. Für jede „wichtige" Muskelgruppe ist mindestens eine Übung im Trainingsplan enthalten. Angefangen von Nacken & Schulter, zu Brust, Rücken, Arme, Bauch/Rumpf bis hin zur Beinmuskulatur ist alles vertreten, was in einem Ganzkörpertrainingsplan enthalten sein sollte. Zudem dient das Ganzkörpertraining dem Erlernen von korrekten Bewegungsabläufen und es werden bewusst Übungen gewählt, bei denen mehrere Muskelverbünde miteinander zusammenarbeiten müssen. (Andreas Nino Galle, 2014)

4.1.3   Beteiligte Muskeln und Bewegungsrichtungen

Nachfolgende Tabelle (Tab. 12) zeigt die Übungen des Mesozyklus, sowie deren beteiligte Muskeln und Bewegungsausrichtungen.

Tab. 12 Übungen Mesozyklus, beteiligte Muskeln und Bewegungsrichtungen

Übung	Beteiligte Muskeln	Bewegungsausrichtung
Bankdrücken LH	Großer Brustmuskel	**Extension** (Ellenbogengelenk)
	Trizeps	**Anteversion** (Schultergelenk)
	Vorderer Teil des Deltamuskels	**Protraktion** (Schultergürtel)
Butterfly KH	Großer Brustmuskel	**Abduktion** (Schultergelenk)
	Vorderer Teil des Deltamuskels	**Protraktion** (Schultergürtel)
	Vorderer Sägemuskel	
Kniebeuge LH	Vierköpfiger	**Extension**
	Oberschenkelmuskel	(Hüftgelenk und Kniegelenk)
	Beinbizeps	**Dorsalextension**
	Großer Gesäßmuskel	(oberes Sprunggelenk)
Lat- ziehen (M./ KZ.)	Breiter Rückenmuskel	**Flexion** (Ellenbogengelenk)
	Kapuzenmuskel	**Adduktion** (Schultergelenk)
	Großer und kleiner	
	Rautenmuskel	
	Großer Rundmuskel	
Hyperextension	Rückenstrecker	**Flexion** (Hüftgelenk)
	Beinbizeps	**Extension** (Hüftgelenk)
	Großer Gesäßmuskel	
Crunch	Gerader Bauchmuskel	**Flexion** (Lendenwirbelsäule)
	Pyramidenförmiger Muskel	
Bizeps Curl LH	Bizeps	**Flexion** (Ellenbogengelenk)
	Armbeuger	
French Press LH	Trizeps	**Extension** (Ellenbogengelenk)
	Knorrenmuskel	
Schulterdrücken KH	Deltamuskel	**Abduktion** (Schultergelenk)
		Extension (Ellenbogengelenk)

5 Teilaufgabe 5 - Literaturrecherche

5.1 Effekte des Krafttrainings bei Diabetes mellitus Typ-2

In der nachfolgenden Tabelle (Tab. 13) werden zwei Studien miteinander verglichen.

Tab. 13 Vergleich der Studien

Studie I	Studie II
Titel der Studie	
"Effects of Aerobic and Resistance Training on Hemoglobin A1c Levels in Patients With Type 2 Diabetes"	„Effekte eines Krafttrainings auf die Insulinresistenz bei Typ-2 Diabetes mellitus" "Strength training improves muscle quality and insulin sensitivity in hispanic older adults with type 2 diabetes"
Wer hat die Studie durchgeführt?	
Timothy S. Church, MD, MPH, PhD, Pennington Biomedical Research Center, Louisiana State University System, 6400 Perkins Rd, Baton Rouge, LA 70808-4124	Jean Mayer, USDA Human Nutrition Research Center on Aging, Tufts University, Boston, MA 02111, USA.
In welchem Jahr wurde die Studie publiziert?	
November, 2010	Dezember, 2006
Mit welchen Versuchspersonen wurde die Studie durchgeführt?	
An der 9-monatigen Studie, welche zwischen April 2007 und August 2009 durchgeführt wurde, nahmen 262 Männer und Frauen mit Wohnsitz in Baton Rouge, Louisiana teil. Diese Testpersonen litten an Diabetes mellitus Typ 2, besaßen Hämoglobin Werte von 6,5 % bis 11 % und bevorzugten vorher eher einen sitzenden Lebensstil	62 Hispanoamerikaner (>55 Jahre), die an Diabetes mellitus Typ 2 litten, wurden stichprobenartig ausgewählt, um 16 Wochen ein Krafttraining zu absolvieren.

Wie sah der Versuchsaufbau der Studie aus?	
Die Personen wurden in 4 verschiedene Gruppen aufgeteilt: Krafttraining, Ausdauertraining, sowie eine Kombination aus beidem (Ausdauer- und Krafttraining). Der vierten Gruppe wurden zwar wöchentliche Dehnübungen und Entspannungskurse angeboten, jedoch sollte sie ihren bisherigen Lebensstil während der Dauer der Studie beibehalten. Alle Trainingseinheiten wurden während der ganzen Zeit beaufsichtigt. 41 Personen wurden der Gruppe ohne Training zugeteilt, 73 Personen nahmen 3-mal pro Woche am Krafttraining, 72 Personen am Ausdauertraining mit einem Verbrauch von 12 kcal/kg pro Woche und 76 Personen an einer Kombination aus Ausdauer und Krafttraining mit einem Verbrauch von 10 kcal/kg pro Woche teil, in der sie 2-mal pro Woche das Krafttraining absolvierten. Die Teilnehmer wurden während der gesamten Studie wöchentlich gewogen, um ihren Kalorienverbrauch zu berechnen. Während der 12. und 24. Woche wurden die Übungen um $1/3$ reduziert, um eine Erholungspause zu gewähren. Um weiterhin Sicherheit zu gewähren, wurden die Teilnehmer monatlich von einem, auf Diabetes spezialisierten Arzt, untersucht.	Die Testpersonen wurden in 2 Gruppen aufgeteilt: Eine Skelettmuskelbiopsie, sowie biochemische Messungen wurden am Anfang, sowie während den ganzen 16 Wochen genommen.

Welche relevanten Ergebnisse und Schlussfolgerungen lieferte die Studie?

Anmerkung:

Ich beziehe mich in diesem Teil lediglich auf die Ergebnisse des Krafttrainings, wie in der Aufgabenstellung beschrieben. Das Krafttraining hatte zur Folge, dass der HbA_{1c}-Wert um durchschnittlich 17 % gesenkt wurde. Des Weiteren fand eine Reduktion der Kilokalorien pro Tag von 162 Kilokalorien statt, sowie ein Gewichtsverlust. Ein Prozentpunkt weniger im HcA_{1c}-Wert bedeutet auf Dauer 15-20 % weniger Herzkreislaufereignisse und 37 % weniger mikrovaskuläre Komplikationen. Jedoch zeigte die Studie auf, dass das Krafttraining alleine weniger effektiv zur Senkung des HcA_{1c}-Wertes beiträgt, als eine Kombination aus Kraft- und Ausdauertraining, die zu einer Reduktion um 45% führt. (Church, 2010)

Es konnte festgestellt werden, dass das Krafttraining zu einer verbesserten Muskel-/Körperqualität, sowie einer Erhöhung der Insulinsensitivität führt. Dies sorgt dafür, dass bei den Diabetikern eine geringere Menge an Insulin gespritzt werden muss, als bei einer Person mit einer niedrigen Insulinsensibilität.

Ein fitness- und gesundheitsorientiertes Krafttraining stellt somit eine sehr gut geeignete therapeutische Maßnahme bei Diabetes mellitus Typ-2 dar. (Mayer, 2006)

6   Literaturverzeichnis

Church, T. S. (November 2010). *PubMed.gov*. Abgerufen am 15. September 2016 von
http://www.ncbi.nlm.nih.gov/pubmed/21098771

Mayer, J. (Dezember 2006). *PubMed.gov*. Abgerufen am 15. September 2016 von
http://www.ncbi.nlm.nih.gov/pubmed/17211497

Morpologische Adaption Kraftausdauertraining (DHfPG-Unterricht). (September 2016).
Stuttgart.

Pohl, D. P. (September 2016). Das Grobraster sub. Belastungsempfinden (BORG) &
xRM (ILB) & 1RM .

Schlink, M. (2012). *Grin*. Abgerufen am 14. September 2016 von
https://m.grin.com/document/204031

wikifit. (kein Datum). Abgerufen am 15. September 2016 von
https://www.wikifit.de/wiki/trainingsperiodisierung

Wollenberg, D. C. (2015). Abgerufen am 15. September 2016 von
https://www.blutdruckdaten.de/lexikon/puls-normalwerte.html

Wollenberg, D. C. (März 2015). *Blutdruckdaten*. Abgerufen am 15. September 2016
von https://www.blutdruckdaten.de/lexikon/blutdruck-normalwerte.html

7 Abbildungs- und Tabellenverzeichnis

7.1 Abbildungsverzeichnis

Abb.1 Wollenberg, D. C. (März 2015). *Blutdruckdaten*. Abgerufen am 15. September 2016 von https://www.blutdruckdaten.de/lexikon/blutdruck-normalwerte.html

7.2 Tabellenverzeichnis

Tab.1 Allgemeine Daten

Tab.2 Biometrische Daten

Tab. 3 Begründung des Testverfahrens und Beschreibung des Testablaufes

Tab. 4 Tabellarische Übersicht Testgewicht, benötigte Testsätze, Testendergebnis aller Testübungen

Tab. 5 Konsequenz für die Trainingssteuerung und Trainingsplanung

Tab. 6 Ableitung der Zielen

Tab. 7 Begründung der Ziele

Tab. 8 Makrozyklusplanung

Tab. 9 Begründungen Makrozyklus

Tab. 10 Mesozyklus I

Tab. 11 Begründung Mesozyklus

Tab. 12 Übungen Mesozyklus, beteiligte Muskeln und Bewegungsrichtungen

Tab. 13 Vergleich der Studien